René FRANÇOIS-SAINT-MAUR

René-Eustache-Octave FRANÇOIS-Sᵗ-MAUR

———

M. François-Saint-Maur, Président de Chambre à la Cour de Pau, vient d'être cruellement frappé dans ses plus chères affections.

Son fils aîné, dont nous avions naguère signalé l'admission à l'Ecole des Chartes avec l'un des premiers numéros et auquel un brillant avenir semblait réservé, vient de succomber jeudi, dans la fleur de l'âge, aux suites d'une affection de poitrine dont la science a été impuissante à enrayer les progrès.

Puissent les nombreuses sympathies qui entourent parmi nous l'honorable magistrat adoucir l'amertume de cette douloureuse épreuve que sa foi religieuse l'aidera, nous l'espérons, à supporter avec la résignation du chrétien convaincu.

(*Mémorial du 15 Mars*).

Hier est décédé à Pau, M. René François-Saint-Maur, aux succès duquel nous applaudissions naguère lors de son entrée à l'Ecole des Chartes. Nous lui rappelions alors l'exemple de l'honorable Président, son père, qui avait débuté comme lui, et nous ajoutions que son intelligence, jointe aux fortes études qu'il avait faites, lui présageait l'avenir le plus brillant. — Hélas! nous avions compté sans la terrible maladie de poitrine qui l'enlève à la fleur de l'âge et que les soins les plus affectueux n'ont pu combattre.

(*Echo des Pyrénées du 17 Mars.*)

Un deuil immense vient de frapper une de nos plus honorables familles. Le Président St-Maur a vu s'évanouir une de ses plus belles et de ses plus légitimes espérances. René, ce jeune homme supérieur par toutes les qualités du cœur et de l'esprit, le juste orgueil de sa famille et de ses maîtres, vient de s'éteindre, à la fleur de l'âge, pour aller recevoir, au ciel, la récompense de son travail et de ses vertus. Dieu semble ne l'avoir montré au monde que pour servir de modèle à la jeunesse chrétienne.

Nous n'esquisserons pas aujourd'hui cette vie si bien remplie en si peu d'années. *Consummatus in brevi, explevit tempora multa.* Nous avons voulu seulement, en ce premier moment de douleur profonde mêlée de sublime espérance, jeter un cri de regret et d'admiration pour l'ange qui s'est envolé et dire à cette famille, chrétienne entre toutes, que, par ce sacrifice suprême, Dieu contracte aujourd'hui avec elle une alliance nouvelle. *Hic est sanguis fœderis quod pepigit Dominus vobiscum.*

(*Semaine Religieuse du 16 Mars*).

———

Les obsèques de M. René François-Saint-Maur ont été célébrées hier lundi, dans l'église St-Martin, au milieu d'une assistance très-nombreuse accourue pour s'associer au deuil d'une famille qu'entourent à juste titre la sympathie et la considération universelles. Le deuil était conduit par M. le Président François-Saint-Maur ayant à ses côtés son gendre, M. Le Cour Grandmaison, et ses deux jeunes fils, frères puînés du défunt. Tous les cœurs étaient émus et tous les visages attristés à la vue de ce cercueil qui venait de se refermer pour toujours sur les restes d'un jeune homme frappé dans le plein épanouissement de ses rares facultés intellectuelles et au seuil du plus brillant avenir : René Saint-Maur n'était âgé que de 23 ans. La terrible maladie qui l'a emporté avait fait dans ces derniers temps de rapides progrès ; et bien qu'il n'y eût aucune illusion à se faire sur son état, on ne s'attendait cependant pas à un aussi prompt dénoûment.

Plusieurs se souviennent d'avoir rencontré quelquefois le jeune René, qu'on ne pouvait voir sans être frappé de son air de distinction, de son visage doux et rayonnant d'intelligence, mais trahissant déjà par des signes non équivoques le mal implacable auquel il a succombé. A sa santé près et sur tout le reste, la nature l'avait traité en enfant gâté : aux qualités brillantes qui charment et qui séduisent s'alliaient en lui les aptitudes solides et sérieuses qui font l'homme supérieur ; on eût dit que la Providence s'était pour ainsi dire complue à parer la victime de ses plus beaux dons comme pour rehausser par sa grandeur le mérite du sacrifice.

René Saint-Maur était licencié en droit et ès-lettres et élève entré un des premiers à l'école des Chartes ; et comme si, par un secret pressentiment de sa fin prochaine, il eût voulu à la hâte visiter une à une les stations diverses du domaine intellectuel, il s'était essayé aux fictions romanesques en publiant une nouvelle pleine de fraîcheur et de grâce dont les lecteurs du *Mémorial des Pyrénées* n'ont pas perdu le souvenir : poëte, il l'était à ses heures, et rien n'égalait la simplicité et le brio des inspirations de sa muse facile, si ce n'est le charme pénétrant avec lequel il les redisait.

Tel a été René Saint-Maur si prématurément enlevé aux affections et aux espérances dont il était l'objet. Parmi les quelques traits pris au hasard à l'aide desquels nous avons essayé de faire revivre pour un moment cette touchante physionomie, il en est un que nous avons omis à dessein parce que nous le réservions pour le trait de la fin, couronnement de tous les autres ; René Saint-Maur était un fervent chrétien, élevé dans les principes d'une piété éclairée et forte, il connaissait son état, il savait que ses jours étaient comptés : mais sa foi si vive lui permettait d'envisager la mort sans trouble, et lorsque la dernière heure a sonné, « il a été doux envers la mort comme envers tout le monde. » Il était prêt à paraître devant Dieu et il s'est doucement endormi. Consolation bien fortifiante pour ceux qu'il laisse après lui, pour ce père et pour cette mère qui l'ont tant aimé et qui le pleurent, mais qui sentent leur courage renaître et leur douleur se transformer à la pensée que leur cher René est entré et les attend dans un monde meilleur : C'est bien d'un tel fils qu'ils peuvent dire que sa mort est le premier chagrin qu'il leur ait occasionné.

(Mémorial du 18 Mars).

Lundi, à 9 heures et demie, ont eu lieu à l'église St-Martin les obsèques de M. René François-Saint-Maur dont nous avions annoncé le décès dans notre numéro de vendredi.

Nous pouvons le dire sans crainte, nous avions rarement vu une assistance plus nombreuse et plus recueillie se presser autour du cercueil d'un jeune homme. C'est que M. René François Saint-Maur, bien qu'ayant à peine 23 ans, avait déjà su, par ses succès universitaires et par ses premiers pas dans le monde intelligent, se créer une place à part. Licencié en droit et ès-lettres, sur le point d'être reçu docteur en droit, élève depuis plus de deux ans de l'école des Chartes, où il était entré dans les premiers rangs, il n'était pas seulement l'homme de l'étude sérieuse ; son intelligence supérieure savait encore se plier aux exigences du monde et sous sa plume facile les conceptions romanesques et poétiques prenaient un tour gracieux qui captait ses auditeurs. Nous nous souvenons encore des vers qu'il improvisa lors de l'inauguration du Cercle Catholique, et les applaudissements qu'il recueillit furent l'expression sincère du charme sous lequel il avait tenu l'assemblée toute entière.

Si nous ajoutons que ses convictions religieuses étaient profondes, et que sa foi vive lui a permis d'envisager sans crainte le moment où Dieu l'a rappelé à lui, nous aurons payé un juste tribut à sa mémoire, tribut qui eût été bien autrement éloquent, si le dépôt de son cercueil dans une des chapelles de l'église St-Martin n'eût empêché de se produire deux discours qui devaient être prononcés.

(Echo des Pyrénées du 19 Mars 1879).

―――

On nous communique le discours qui devait être prononcé aux obsèques de M. René François-Saint-Maur, si le corps avait été directement conduit au cimetière :

Que de motifs de désespoir, Messieurs, dans cette disparition prématurée ! Les dons les plus variés et les plus extraordinaires, dispersés au vent de la mort; un passé, rempli de promesses et déjà de réalités, échappé pour ne plus revenir et dont la mémoire n'est qu'une source nouvelle de regrets sans consolation ; un avenir qui se levait dans la lumière, replongé dans l'obscurité éternelle de ce qui ne sera pas ; enfin et pour tout dire d'un mot, un fils de 23 ans enlevé aux siens ; que de pensées amères et comme les vains appareils de la consolation humaine tombent devant cette douleur sans mesure !

Retournons-nous cependant vers cette famille que la mort a frappée. Tandis que nous nous apprêtons à lui offrir des témoignages qui ne consolent pas parce qu'ils ne réparent rien et ne peuvent rien remplacer... elle est debout et droite sous le coup qui l'atteint sans l'abattre et elle ne laisse lire, dans son attitude, que la force et le calme des âmes qui restent maîtresses de leur douleur comme d'elles-mêmes. Ah ! c'est qu'elle a trouvé la vraie consolation et qu'elle s'est rattachée à d'invincibles espérances ; elle a contemplé l'ineffable sourire que la mort a scellé sur un visage déjà glacé et elle a suivi, si on peut s'exprimer ainsi, la direction de ce sourire qui montait vers le ciel ; elle s'est souvenue de cette pensée du cher absent :

> Qu'importent nos efforts, nos pleurs, nos vœux déçus
> Si Dieu nous ouvre enfin, quand sa main nous arrête,
> La céleste oasis que l'on ne quitte plus !

Voici que la pensée chrétienne a dompté la révolte de la nature, ramené la lumière au-dessus de l'horizon obscurci, déchiré le voile qui semble jeté entre la mort et la vie, intimement rattaché les unes aux autres, par delà la tombe, ces âmes que la même foi anime et que le même but réunira. Dieu lui-même panse la blessure que sa main a faite et il dit à ceux qu'il frappe : « *Beati qui moriuntur in Domino !* »

Nous pouvons maintenant nous rappeler un passé dont les tristes souvenirs nous seront adoucis et, admirant de vastes espérances, adorer la volonté divine qui n'en a pas permis l'accomplissement.

A vingt-trois ans, que d'hommes dont la vie n'a été remplie que d'études ordinaires et d'événements extérieurs, des dates et rien de plus ! Que d'œuvres déjà dans les 23 années de René Saint-Maur, presque vides au contraire des choses du dehors !

Une facilité merveilleuse l'avait tenu sans effort à la tête de ses classes, sans être d'ailleurs chez lui l'écueil du travail, et nul n'était plus laborieux que cet écolier pour qui la réussite était un jeu. Aussi son talent mûrit vite et dès vingt ans, ce pionnier du travail poussait ses découvertes et ses succès dans toutes les directions à la fois, dans le droit, dans les chartes où peu lui disputaient la première place, dans les lettres. Les lettres, Messieurs ! La poésie se passe de l'âge et dépose parfois ses fleurs les plus brillantes sur des fronts jeunes encore. Poëte, René l'était et, dans la forme du vers, sa pensée prenait une force et une élévation singulières, dues à la précision dans laquelle la mesure la renfermait et à l'éclat que lui prêtait le rhythme poétique.

— Tout pénétré des choses intellectuelles, il jouissait, en même temps du monde et le monde aimait à se parer de ce grand jeune homme au front large, aux yeux limpides et profonds, à la voix pleine de charme et vibrante d'émotion et dont la vue comme les paroles se portaient toujours en haut. — Il avait encore le secret de dérober à tant d'occupations menées sans confusion, le temps de jeter sur le papier de son écriture mâle et fière, des pensées toujours nobles et pures et d'entretenir une volumineuse correspondance où le mot juste et frappant, le tour plein de verve, le bonheur des images, la logique des idées, la réunion de l'élégance à l'énergie, de la précision à l'abondance, de l'émotion qui soulève et enflamme à l'ironie la plus froide et la plus perçante, où tout enfin dénotait du premier coup « l'écrivain de race. »

Heureux privilège du talent! Sa pensée, à peine conçue, entrait aussitôt dans une forme saisissante, comme un moule prend et grave d'une façon impérissable la lave brûlante qu'on y a jetée. Il semblait que Dieu, qui devait si tôt arrêter son travail, abrégeât pour son intelligence le labeur de l'enfantement et, sans rien ôter à ses œuvres de cette perfection que d'ordinaire le temps seul peut donner, lui accordât la facilité nécessaire pour produire beaucoup, dans le court espace des années qu'il lui laissait parcourir.

Et quelle inflexible unité dans cette vie, jetée avec prodigalité dans toutes les voies intellectuelles, dans toutes celles où l'âme rencontre le vrai, le beau et le bien ! Toutes ses pensées diverses étaient tenues par un lien puissant, qui, circulant à travers les faces multiples de son esprit comme à travers les rameaux du même arbre, leur communiquait une sève féconde, une incomparable force d'appui, je veux dire la pensée chrétienne.

Que d'âmes, les meilleures et les plus tôt parties, ont apparu ainsi de nos jours! Où êtes-vous, Ozanam, Perreyve, Reynier, et plus récemment Seigneret, Feugère et d'autres, jeunes hommes aux dons naturels les plus merveilleux, mais retenus et comme attirés en haut par l'amour divin qui remplissait votre âme ; enlevés à des âges inégaux, les uns dans la première jeunesse, les autres à l'époque de votre virilité, tous ayant laissé votre travail interrompu : « *pendent opera interrupta*, » inépuisable aliment de notre admiration, de nos regrets et d'une émulation qui nous élève au-dessus de nous-mêmes sans nous faire atteindre à la hauteur où vous planez !

Après eux, René fut possédé de l'amour, de la passion de Dieu et ce fut le trait saillant de son caractère, de son talent et de sa vie. A son talent un tel sentiment imprimait cette noblesse constante, cette chaleur de conviction, cette beauté sans tache qui le rendait irrésistible ; à son caractère, une rectitude absolue, une dignité morale qui commandait le respect ; à sa vie, la possession de soi-même et l'élévation, les affections vivaces et profondes de la famille, la simplicité, une piété virile, à la fois ferme et douce qui, croissant jusqu'à sa mort, a épuré et sanctifié son âme ! Rappeler ce que fut René Saint-Maur sans dire son amour pour son Dieu, sa volonté de se dévouer à la défense des grandes et inséparables causes de la religion et de la patrie, c'eût été laisser dans l'ombre ce qui fait l'éclat de ses courtes années et ce que vous venez honorer ici.

N'est-ce pas encore cette dignité de la vie chrétienne qui double la douloureuse sympathie dont on entoure une famille si éprouvée à la fois et si forte qu'on se tait d'admiration et de douleur? Dignité qui s'allie si harmonieusement, en la complétant, à toute dignité humaine, et qui rehausse cette existence de magistrat, fière et indépendante vis-à-vis des passions et des pouvoirs parce qu'elle fut toujours soumise aux lois, celles gravées dans la conscience aussi bien que celles tracées par les hommes! Ainsi l'idée religieuse a relié l'une à l'autre les générations de la même famille, par des liens plus forts et plus durables que ceux de la chair et du sang !

Ces liens se sont cependant brisés, selon le langage du monde, et il nous faut comprendre que tout ici-bas est fini. Que d'autres blasphèment ou désespèrent ! Pour nous, acceptons cette mort, puisque René lui-même, devançant l'heure du sacrifice, immolait volontairement ses jours et disait à Dieu :

Que votre volonté s'accomplisse, Seigneur !

Nous ne mesurerons jamais la largeur et la générosité d'une telle offrande ; le calme, la simplicité, la douceur avec laquelle elle fut faite sont les derniers traits de cette vie chrétienne ; c'est comme le dernier élan qui élève cette âme au-dessus des choses qui passent et des sentiments qui s'effacent.

Quel repos devant ces pensées et devant cette tombe et comme une telle grandeur morale dissipe notre tristesse et ne laisse plus pénétrer dans nos cœurs que des impressions calmes et fortifiantes !

Que ce spectacle nous serve donc d'enseignement et, nous tous, les amis que René avait à Paris et qui, pendant la dernière et la plus féconde des années de sa vie active, avons été les compagnons et les admirateurs de ses travaux, de ses plans d'avenir, de ses prières, élevons nos pensées et agrandissons nos cœurs devant lui. Que notre douleur féconde, en la déchirant, notre âme ; sortons de notre tristesse et tournons à une action chrétienne et durable les forces que le cher absent nous communique.

On raconte qu'une peuplade de l'Asie avait l'usage de conserver les cadavres de ses chefs et, aux jours de combat, de les faire marcher avec ses guerriers. Le souvenir de celui qui a couru, jeune et plein d'allégresse, à l'appel prématuré du Maître, ce souvenir vivant, nous le porterons avec nous aux heures de la lutte. Au nom de tous, je jure ici sur sa tombe, que nous acceptons l'héritage de ses pensées et de ses amours, que ses projets deviennent ceux de tous les jeunes hommes qu'il a connus et aimés et qui, comme lui, unissent dans leur travail, leur affection et leur vie la religion et la patrie. Qu'un chant de victoire, qu'un hymne à Dieu qui nous jette dans la mêlée ou nous en retire à son gré soit le dernier hommage rendu à la mémoire d'un catholique qui ne disparaît pas : *Laudabo Dominum in vita mea : Psallam Deo canticum meum.*

(*Mémorial du 20 Mars 1879*).

www.ingramcontent.com/pod-product-compliance
Lightning Source LLC
Chambersburg PA
CBHW060636050426
42451CB00012B/2621